静思法脉丛书

静思语

释证严 著

第四集

复旦大学出版社

静思
以冷静、清净之心
思考生命之来源、人生之方向、宇宙之真理
心在宁静境界中，心在清净无染中
用恬静之心念观看世间万物
生命与天地全然融合成一体

照见万物本质之实相
透彻虚幻不实之假相

此清净、坚定、超越之思想
就是智慧

——证严法师

证严法师

普天之下,没有我不爱的人;普天之下,没有我不信任的人;普天之下,没有我不原谅的人。"普天三无",这一段心包太虚与气度恢弘的开示,来自证严法师美善与坚定的心灵。

一九三七年,出生于台湾台中的清水镇。

一九六三年,依印顺导师为亲教师出家;师训"为佛教,为众生",时年二十六岁。

一九六六年,创办佛教克难慈济功德会,时年二十九岁。

一九六六年以后的数十年来,慈济世界在法师慈悲呵护下,一步一步,坚实地茁壮;如今遍布全球的慈济人,出现在全世界许许多多有灾难与苦痛的地方。

通过亲手拔除人们的苦与痛,法师的弟子们,谨守着法师坚定的菩萨志愿与佛陀清凉的慈悲智慧,虔诚地追随法师祈愿——愿人心能净化,愿社会能祥和,愿天下能无灾。

卷首序言

六度万行，圆满佛道

走入人群历练

修持六度万行

圆满福慧佛道

照见心地风光

布　施

付出无求

欢喜感恩

心无挂碍

轻安自在

释证严

持 戒

防非止恶

如规如矩

善守本分

戒行清净

忍 辱

开阔心量

慈悲等观

受辱不嗔

安忍不动

精 进

坚志向道

勤修正法

无有懈怠

众善奉行

禅 定

心正意定

直道而行

心不散乱

意不颠倒

智 慧

法入心行

事理圆融

心智明朗

慈悲济世

目　次

卷首序言　**六度万行，圆满佛道** /008

第一章　**布施** /016

第二章　**持戒** /042

第三章　**忍辱** /066

第四章　**精进** /092

第五章　**禅定** /118

第六章　**智慧** /144

【第一章】布施

无求无碍

付出无所求,无忧无挂碍,安心又自在,人生真幸福。

满怀法喜

出于无私助人,付出者往往比受助者获得更多——见苦难者得安稳,自心更满怀法喜。

增加爱心人

有人愿意付出,苦难者才能得救;多增加爱心人,世间就会有希望。

公益人生

人生要为公益付出,不要为私利计较。

爱满人间

人人付出爱的能量,时时表达心中的感恩,爱的故事充满人间。

真实快乐

无私付出后,感受到满溢的爱,获得真实的快乐,均非金钱可比拟。

植福、培德、增慧

多付出不计较,与众和睦相处,能积聚福德与智慧。

不放心上

计量自己的付出,功德将微乎其微;付出后不放心上,才是真功德。

计小失大

给予者斤斤计较,受取者分毫必较,易生争执;懂得彼此感恩,即能相互珍惜。

人间美景

付出温暖的爱,化解别人的苦,心灵的财富无比丰足,人间的美景处处展现。

有求就有苦

人生在世,无须向神灵祈求,也不必向众生求取,有所求就有痛苦。

开发自己的潜能,发挥自己的力量,付出才是快乐之源。

一个铜板

贫困之人也能启动悲悯的善行,只要愿意付出爱心,即使是一个铜板,若能积少成多,亦可发挥救济他人的力量。

有法度,得法喜

付出无所求,对他人有法度,于自身得法喜,此即功德回向在自己。

求福须造福

求福,必须去造福,才能得幸福;只是求福却不付出,愈求愈感不足,会很辛苦。

富贵之人

不论财富多寡,能发挥生命良能、为人间苦难付出,就是富贵之人。

带动爱心

只要起一分善念,点滴的付出也能带动众人的爱心,救助很多人!

化不舍为付出

世间灾难令人不舍,化不舍之心为尽心付出,就能安定社会人心。

人心有爱

人人心中都有爱,无私付出这份爱,能拔除世间苦难。

培养爱心

生活中能时时关心别人,培养爱心,当灾难发生,就能如同身受,无私付出成就功德。

感恩为我们说法

救助他人时,苦难的人生剧本真实展现于眼前,一出剧本就是一场说法,开启我们的慈悲与智慧,所以应心存感恩。

得人心

用钱财炫耀身份,难以得到别人的敬爱;为苦难付出心力,即使贫穷也能得人心。

自我祝福

能救济他人,表示自己平安;多付出助人,就是自我祝福。

长期陪伴

面对心门深锁的苦难人,须用爱心与耐心长期陪伴,引导走出黑暗、迎向光明。

平常时,无常时

平常时,安居乐业过日子;无常时,发挥爱心相扶持。

好文章

一篇好文章,也是传达好话的方式,可以让人受益,从此改变人生。

好话即善种

一句好话是一粒善种,好话入人心,心灵荒漠变绿洲。

赞叹善行

赞叹善心善行,能给人信心、助长善的力量,让社会更祥和平安。

随喜功德

赞叹别人做好事,能助人行正道、增长善能量,亦有随喜功德。

真供养

众生皆是未来佛,为苦难众生虔诚付出无所求,就是真供养。

成就的助力

不要认为善小就轻视不做,点点滴滴的付出,都是成就无量功德的助力。

真空妙有

世间幻化终归零,真空妙有是真理——付出无所求是"真空",助人心欢喜是"妙有"。

心安积德

付出助人,受助者得到物资的救济,助人者得到心灵的安乐、德行的累积。

处处受欢迎

在人生道路上,最重要的是广结善缘;具有热心助人的精神,在世间就不孤单,处处受人欢迎。

积存来生粮

三餐不求美味,只要吃得饱、营养均衡,就已足够;节俭饮食,将所余帮助苦难,也是积存来生粮。

贪念是心锁

贪念是心锁,会锁住宽广的心,即使再富有,总有"不够"的烦恼苦;打开心锁,跨出心灵的门槛,自然有余力去助人,生活自在又有价值。

满足得解脱

甘愿付出,见及苦难人得救,内心也因欢喜、满足而得解脱。

有辛苦才有幸福

肯付出爱心的人,难免辛苦忙碌、身心疲倦,却是有价值的幸福人生。

行善多福乐

行善的人最快乐,行善的人最富有。

这就是修行

用真心付出,用诚心互动,这就是修行。

这就是福

付出的时候,心灵欢喜、开阔,这就是福。

利他益己

修心于内,功德自得是为"利";为人付出,多行善事是为"益"。

利益他人的同时也是利益自己,此即"利益"的真义。

人生美景

用一念真诚的爱心,为苦难人设想、为世间而付出,是最美的人生风景。

生命的价值

　　生命的价值观,在于付出而非赚钱;只为赚钱的人生,感情淡薄迷茫,钱财愈多,失去愈多。

赚欢喜

　　人生在世,不为赚大钱,而是"赚欢喜"——为天下人无私付出,心安理得,天天欢喜。

时间数字

　　人生应重视时间数字,珍惜分秒为人群付出;若只计较物质数字,心力耗在累积物质,徒然空过时日。

稳定的力量

无常灾祸使人心惊惶,需要人间菩萨及时肤慰,发挥稳定社会的力量。

转贫为富

即使生活贫苦,仍能表达善意,发挥爱心去关怀人,积聚力量去帮助人,此即转贫为富的人生。

转苦为喜

遭逢苦境时,启发自我善念,与人彼此互助,在心境上也能转苦为喜。

脱贫脱困

受人济助无须自卑,只要日存一善,小钱也可以救人;天天行善助人,就是脱贫脱困的人生。

因爱富足

转埋怨为知足,转自私为利他,心中因为有爱而富足。

福德

付出爱的能量,累积心灵的财富,化成生命的福德。

自我祝福

付出的人,即使只是微小的力量,也是表现自己有能力可以帮助别人,这就是对自己的祝福。

抚平

陪伴与关怀,可以抚平人心的不安。

走过去肤慰

受苦的人走不出来,有福的人就要走过去,肤慰他的心,救拔他的苦。

随手助人

随手助人的同时,就是在培养善良的习性。

付出是享受

帮助别人不困难,只要明白——付出是一种享受,不是牺牲。

不计微小

光不计微,小灯能在黑暗放光明;善不怕小,怕不愿发挥那一点点的力量。

为苦难添温情

　　人生悲欢离合，本是苦多于乐；适时用爱助人，就能为苦难世间添温情。

救灾的目的

　　救灾的目的，在于启发人人互爱互助，让苦难之地早日恢复生机。

根植希望

　　救人之苦、助人脱贫，应先拔除苦难，再安稳其生活；传授知识技能，带动殷勤工作精神，才能活络生机、根植希望。

消业改运自己来

业力要自己消,命运要自己改;求佛保佑不如行善助人,付出能忘怀烦恼,安然自在。

共行善业

世间善恶杂糅,众生祸福共业;需要人人付出善行,共同缔造祥和人间。

以诚以爱

诚的鼓励,给人心灵的力量;爱的肤慰,给人生活的希望。

爱无量，福无量

富有爱心且身体力行的人，能广结善缘、度人无数，是福无量的富足之人。

有甘就无苦

真诚的爱最纯美，爱的付出真快乐；快乐就是甘，有甘的滋味就没有苦的感觉。

万善同一念

行善的方向千差万别，但都是起于一念希望人人幸福快乐的心。

结缘莫绝缘

力行慈善,能与众生结好缘;停止付出,则与众生绝善缘。

诚情相待

人之相处贵在"诚"与"情"——以诚恳的心、无所求的情,走入人群付出。

转动人心

聚集爱的能量,不断地付出再付出,让更多人受感动,就可以转动人心向善,改善社会风气。

爱的心念

每天发助人的心,时时生造福的念,这份爱的心念,能让生命发光、发亮。

【第二章】

持戒

第二章·持戒

守戒更自在

戒是做人的根本,守戒不犯错,人生更开阔、更轻安、更自在。

分寸不差

照顾好心念,走在正路上,分寸不偏差,这就是自爱。

大错误大彻悟

有过错却不悔改,难脱迷网陷阱;大错误及时省悟,即能大彻大悟。

品德高尚

改除习气、修养人格，待人柔软、相勉善行，成就品德高尚的好人。

怨恨能解

多一分善念，能消弭仇恨；多一分爱心，能化解埋怨。

欲是恶源

欲念是无底深渊，恶行的源头；放下欲念，善根自然萌发。

唯心所造

善法,因无明而被颠覆;恶行,因正念而得改善。

人间净土·心灵地狱

共结好缘,共造福因,人间就是净土;常怀恶念,多行不善,即处心灵地狱。

光明磊落

心怀恶念,内心昏暗无光,行事无法坦荡;心念向善,心中阳光普照,生活自在磊落。

护心

护好心,做好人,守好行为规则,人生自然不会偏差。

修正的过程

有心改过,在修正的过程中,需要真理引导方向,需要勇气自我努力,才能回复原本清净的本质。

勇于忏悔

有错不改,不听规劝,无法得人喜爱;知过能改,勇于忏悔,才会受人敬爱。

当下纠正

昨天的错误,今天不再犯;前念的偏差,当下即纠正。

祝福彼此

口说好话,是对彼此的祝福,能互助成就好事;口出恶语,是对彼此的诅咒,使人陷入烦恼。

沟通互动

与人沟通往来,无论口传或书写,都要用心谨慎——日常的互动,用亲切不粗俗的言语交谈,深奥的道理,用浅显而文雅的语汇表达。

适应艰难环境

心思放纵的人,生活规矩散漫松懈,难以回归正轨;有心修行的人,能适应艰难的环境,言行如规如矩。

惭愧

"惭"则知反省,"愧"则能改过;有惭才能修善,有愧才能止恶,修善、止恶是身心清净的根源。

无明网

盲目应和,就如应声虫,一只虫叫,所有的虫都跟着叫;是非不分,如困无明网,人云亦云,使得社会不得安宁。

清流网

不看无明网,多看清流网,让好人好事永驻心中,创造幸福美满的人生。

见善随喜

见善随喜,共同出力,发挥爱的潜能,成就善的循环;见人行善,背后毁谤,累积恶的共业,造成天灾人祸。

心安无愧

造恶,令己心不安,人人埋怨;行善,无愧于社会,自心安稳。

消减破坏的力量

贪求享受、过度浪费，地球资源亏空负债，天灾频传；唯有守住人伦规则，少欲惜福，才能消减破坏地球的力量，使天地调和。

最好的空调

人心不调，天地之间的浊气就沉重；人心有爱，天地回归自然的境界，是最好的空调。

心香一炷

真正的虔诚是——心香一炷，发心立愿，爱护苍生，斋戒茹素。

清垃圾、去习气

大地多垃圾,污浊散布会影响气候;人心多习气,烦恼染着会覆盖本性。

度化亲近的人

自己的缺点,外人因为距离相隔,比较感觉不到,所以他容易接受我们的说法而被度化;若是要度亲近的人,唯有自我改变习气,让对方心服口服,他才能被度化。

烦恼自造

烦恼,不是别人给予,是自己习气难改,不断复制烦恼、造作苦难。

一时之念

莫因一念贪欲,做出遗憾终身的错事;莫因一时气愤,结下伤害人我的仇恨。

相互熏染,世代延续

人的习气会经由学习而来,当代人偏差的举动行为,将延续于后代人的生活形态,所以将社会导向美善,人人都有责任。

安心之法

心向善,天天都心安理得;心向恶,日日皆心烦意乱。

祸福之因

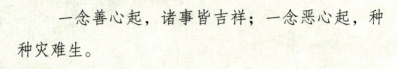

一念善心起,诸事皆吉祥;一念恶心起,种种灾难生。

清平致福

清净过日无所争,平安生活无贪念,此生身安心常乐,是为清平致福。

得失心苦

追求物质、名利、地位,容易患得患失,既辛苦,也"心"苦;身体健康、生活安稳,人生知足常喜乐。

清净过日

知足、少欲,简单、无求,清净好过日。

多欲为苦

生活宜简省朴实,现在过度享受,贪欲不断滋长,未来将受苦果。

简朴生活

推广简朴生活,即日常用度简单、不浪费,且发挥爱心关怀他人。

爱心富足的有福人

平安知足最有福,安贫乐道最大富;戒贪口欲慎心行,身心健康护大爱。

修内形外

品德修养入心中,礼仪自然形于外,清净、纯真的人格,最是人见人爱。

内外兼顾

保持外在环境整洁,有益身体健康;维持内在心灵良善,敦睦人际关系。

双手的作用

双手用于赌博,一心计较输赢得失,苦不堪;双手勤做环保,守护大地造福人间,真自在。

救人的人

救人的人,要保护好自己的健康平安,才有力量再去救人。

生活清平

生活清平,垃圾减量;做好分类,资源再生。

至诚之爱

斋戒茹素,是表达对众生至诚之爱。

一辈子受用

教育的方向,是从小培养爱心、教育规矩,成为一辈子受用的生活习惯。

资源不竭,生命不息

真诚珍惜一切物资,力行简约的好习惯,自然资源不枯竭,才能源源不断滋养生命。

家庭归属感

夫妻之间忠实以待，相勉知足感恩，对家庭都有归属感，就能共享天伦乐。

一家人用爱心耕福田

"富"之字形是"一口之下是田"，一家人口富有爱心，就能勤耕亩亩心田成福田。

上敬下爱

每一个家庭的每一个人，每一个人的每一念心，以虔诚一念，上敬下爱守人伦，即能家庭和睦、社会祥和。

反省・忏悔

静心反省、生活节制，真心忏悔、戒除贪婪，才能消弭天灾人祸。

少造垃圾，多做回收

少制造一份垃圾污染，多付出一份回收力量，洁净自己所生活的这一块土地，清净自己所呼吸的这一缕空气。

运用善能量

转念向善，念念是善，善的能量就能运用在生活中。

疼惜与感动

　　单纯善良的人，得人疼惜；少欲知足的人，令人感动。

学以利人

　　应用所学利益人群，莫为图利损害众生。

真心相待莫应酬

　　物质生活回归简朴，消除虚荣浪费的心态；与人相交以诚相待，免除表面的应酬往来。

从俭朴做起

节能减碳从俭朴生活开始——不追求高品质的饮食享受,莫选用过度包装的物品,就能减少能源浪费。

福荫子孙

现世不知疼惜物命,来生就得承受匮乏的苦果;不能一味尽情享受,节用资源力行环保,才能福荫子孙岁岁年年。

安命保生

道理入心,为人谨慎虔诚,生命常安稳;尊重自我,把握人生方向,生活保平安。

知足最富

"欲"是苦受,享乐片刻即逝,并非真正的快乐;少欲知足,常保欢喜满足之心,才是最富有的人。

不妄求

明知世间事难求,不断往外追求,会迷失在虚妄中;安分守己,老实做人,才能转妄求之心为灵明之心。

纯粹的希望

怀有希望原是好事,但过多的欲望形成妄想,会使纯粹的希望染上色彩,变成无明的痴念。

持戒有爱

　　一人无明起,辗转相影响,团队就无法和谐;持戒有爱,能化解自他的无明烦恼。

自我调理

　　自爱的人,能自我调理、自我规律,修养良好的品德,成就团体的美善。

业由心起

　　转贪念为布施、转嗔怒为慈悲、转愚痴为智慧,即能转恶业为善业。

自律自新

　　自律不犯错，心灵就正道；自新改过错，人生不迷失。

有戒则无碍

　　心中有戒，能自我守规矩，建立良好品德；心中无戒，无法自我规范，就会障碍道业。

不治而安

　　人人谨守本分、循规蹈矩，社会秩序自然稳定平和；不治而安的社会，就是健康的社会。

【第三章】

忍辱

要忍得住

人在世间要堪忍,忍不住就退失初心,忍得住就海阔天空。

悲悯众生

在人间修行,要时时悲悯众生,即使对方以逆理来干扰,也要以悲心去善解与教育。

受辱不瞋

自爱的人,面对恶口辱骂,内心无瞋,言行恭敬,如此难行能行,是真正道心坚定的人。

化解成见

人生不如意事,常是因为见解不同而自我产生烦恼;只要多互动、多沟通、多交流观念,就能化解彼此的成见。

何苦发脾气!

凡夫多是心念不定,多起嗔怨只是多植恶因,何苦因人发脾气!不如慈悲宽谅,在心田多植善种。

待人处世

待人,需打开心胸,不执着自我;处世,要扩大心愿,不计较付出。

扩大生命版图

与人不争不取，心中就能包容人；及时为人付出，别人心中就有你，生命的版图无限扩大。

有价值的情谊

人与人的相处贵在"诚"字，以诚相待、彼此勉励，不起疑心、不耍心机，就是最有价值的情谊。

面对事情，处理事情

以善解、包容的心面对事情，就不会钻牛角尖，陷入烦恼的深渊中；以平静、宽大的心处理事情，人与人和平相处，就会有光明的希望。

宽阔的心胸

看到别人有所成就,自己也觉得光荣;看到别人欢喜快乐,自己也觉得开心。有此宽阔的心胸,就会轻安自在。

造福结缘

福德,要自己去造;善缘,要自己去结。

推动爱的互动

人人本具爱心善念,只因后天环境熏染,各执成见而纷扰不休;开启心中爱的能量,推动你我爱的互动,社会自然祥和平安。

自私是苦

看淡自己,处处为人着想,常感快乐;自私自利,吝于对人付出,常有求不得之苦。

人我之间

心量广大,能透彻人我一体无差别,是智慧;心量狭小,常执着人我是非烦恼中,是愚痴。

结好众生缘

同一个人,有人看了欢喜,有人觉得讨厌,这是结缘不同所致;做利益众人之事,真诚无私地付出,就能与众结好缘,让人见了就起感恩心、欢喜心。

向外不计较,往内多反思

人都是在我执中产生烦恼,收回向外计较的心,往内反思人生无常,自然能看开一切,无所执着与计较。

现欢喜相

善法不忘、烦恼尽消,现出欢喜相,令人见你面貌很亲和,听你言语很受用,此即为功德。

不瞋不妒

学习开阔心胸,以大爱包容一切,自然不起瞋恨心与嫉妒心。

放下·打开

放下心结,才能重新起步;打开心门,才有快乐人生。

福气

心宽就和气,念纯就有福,心宽念纯福气大。

人无贵贱,事无大小

人无分贵贱,降伏傲慢,才能调伏烦恼;事无分大小,勤修善法,才能修行有成。

优越感造成分别对立

优越感是一种自我立场,造成"你是你、我是我"的对立心态,唯有敞开心胸,消弭人我分别,才能互爱关怀,互助解难。

吞忍

降伏习气,需要有吞忍的功夫——吞下嗔怒就没脾气,忍下贪念则能离欲。

问心无愧

心境宽阔无挂碍,事理清楚明是非,待人接物常感恩,问心无愧最快乐。

让阳光进来

打开心门,让阳光洒进来,就能发挥生命潜能,快乐地过好每一天。

想不开就行不通

心若想不开,只是随业力受苦,人生路就行不通;心若不计较,发挥生命意义,就是美好人生。

帮助一分,退让一步

人与人之间常因计较起冲突,
对人多帮助一分,他人也会多退让一步,彼此谦让少计较,自然能相处和谐。

借力使力

心量开阔的人，可以容纳别人，才能借力使力共行善事，使福缘加倍。

有烦恼如无烦恼

面对无常灾变，保持宽大单纯的心，不埋怨天地、不责怪别人，有烦恼如无烦恼，就能及时发挥良能，重新站起来。

三不争

出世的精神就是清净无染，与人无争、与事无争、与世无争，心境自然海阔天空。

真善美

发自真诚的心,与人建立善的互动,才有美好的人生。

感恩心

有感恩心的人,就是有爱心的人;有爱心的人,生命最宝贵、最有价值。

不受声色与是非所扰

不被人群声色引发烦恼,莫因人我是非影响道心。

化解恶缘结好缘

每天面对的人与事都是因缘，成就道业的好缘，我们要感恩；引发是非的恶缘，要甘愿接受，才能以欢喜心再结好缘。

心宽·善解

心宽，能抚平烦恼；善解，能消弭仇恨。

宽恕

宽恕，能使人心开意解，生活轻安自在。

福大·事成

心宽福大,人和事成。

渡过不如意

心胸开阔,心思单纯,保持天天快乐的心情,不知不觉中就会渡过许多不如意,生命丰足又平顺!

迷与悟

迷于人情事相,天天生气埋怨,苦不堪言;透彻人伦道理,就能看淡逆境,心灵平静。

时时自我锻炼

听闻是非,要开阔心胸;面对攻击,需包容善解。时时自我锻炼,事事和善以对。

莫让恶言成感染源

听话要用心分别善恶,莫让恶言如感染源,潜入心灵、渐渐扩散,衍生人与人之间的对立。

顾好一念心

因为一句话就怒气冲天,或是委屈难过,这都是起于自己的心念,所以要照顾好一念心。

看开

　　世间的人我是非、喜怒哀乐，都在于个人心灵的感受。贪求无尽看不透，就痛苦难堪；知足常乐看得开，就自在无忧。

造福远祸

　　心量开阔，转苦为甘；积极造福，化灾祸为福报。

真磨练

　　真正的磨练，是在人事中自我反省、改变习气。

气顺心平

脾气好好调顺,心态自然平顺。

逆来顺受

面对逆境,要欢喜修炼;逆来顺受,才能缓和对立。

退让一步

调整心灵、调和声色,懂得退让一步,待人接物就能和谐圆满。

当自照,莫自障

面对不好的声色,要反观自照,感恩对方成就道业;面对别人的爱护,若起占有心要警觉,莫深陷情爱缠缚而自我障碍。

不受声色影响

在修行路上,须自我警惕不被声色影响道心,否则就如船行在惊涛骇浪中,不是迷失方向离岸愈远,就是浮沉于海终至翻覆。

忏悔得清净,宽谅得自在

做错事的人及时认错,向人道歉、忏悔,即得心灵的清净;被道歉的人要培养宽谅的雅量,否则心存恼怒反而毒害心灵,不得自在。

执我为苦

我执深重会处处与人比较,多生烦恼;放下执着,才能扫除人我是非的烦恼。

修行工具

善用人我是非作修行工具——借人事自我警惕,借外境自我反省。

忍耐是大力量

志在利生大事业,必须下大功夫,有忍力、有耐力,才有成功的大力量!

要经得起

经得起人事磨炼,才能去除无明、回归清纯本质。

善解得智慧

总是看人不顺眼,就会钻牛角尖、满心烦恼;学会善解,才能在烦恼中得到智慧。

济度苍生

以诚相待建立互信,以爱互动化解疑心,放下身段付出关怀,才能济度苍生从黑暗走向光明。

铺平心路

顾好自己的心,心路铺平,就能铺好人间路,接轨菩提道,走入觉悟的境界。

忍一时

为救度众生,须堪受层层困难,忍一时的阻挠,忍一时的纷扰,对的事坚持做下去,终能使更多苦难人身心安稳。

不退宏愿

即使好人难做,也要立志去做——不仅奉献心力、布施物质,更要受到耻辱不为所动,遭到打压也在所不辞,永不退失菩萨的宏愿。

善心门

精进于防非止恶,凡事能善解包容,自然具足忍力、定力,不会一遇挫折就关上善心门。

人人如亲,人人有缘

简单生活、处事乐观,富有爱心、对人包容,则身边之人都如亲人、都是有缘人,这种人生最可爱。

感恩忠告

将他人的好意劝告,曲解为指责自己,因而生气起烦恼,此乃愚痴人;能感恩他人的忠告,勇于改正过去习气,即是智慧人。

力能度众

不在乎人我是非,不因此起心动念,才能成为有力度众的菩萨;若事事都在是非中计较,就不能成就菩萨行。

以善思维

与人相处之中,难免有看不顺眼的人、听不顺耳的话,唯有以善思维、彼此感恩,才能和气共事。

解决问题

面对困难,须稳住情绪,心平气和好好地解决;问题若不处理,会愈来愈无奈,心生更多的埋怨。

明因知果心泰然

此生境遇的好坏,来自过去生的造作;心满足、不埋怨,反省因缘、接受果报,就能泰然处之。

缺角修圆

处世要有"不怕不完美,只怕不修善"的智慧——缺角不要看,就是圆;缺角能修圆,就是美。

好缘是度众资粮

好缘就是菩萨资粮,成就好缘是累积广度众生的资粮,所以要珍惜人与人之间的缘。

世事风雨为养分

　　立愿肩挑天下众生担，以世事风雨为养分，才能堪忍艰难、成长善根，稳定心志行走人间菩萨道。

【第四章】

精进

以善护心

为善要精进，唯有善能保护我们的心，无论起心动念或举止动作都不犯错。

接轨菩提道

多发心、多用心，做好事、做好人，铺好人间路，才能接轨菩提道。

路通愿成

要做利益众生之事，并不难。

有心，就没有走不通的道路；有爱，就没有达不到的愿景。

利人益己

把握时间做对的事,利益人群也令自己心安,即是幸福的人生。

坚持精进

用毅力克服昏沉,用精进对治懈怠。

即刻积极

警觉恶念,即刻断除;守护善念,积极实行。

不染恶念

守护己心不染恶念,就要殷勤擦拭,使内心没有灰尘,没有污点。

把握在己

时间把握在人人手中——进,是自我殷勤精进;停,是自我懈怠停滞。

维持幸福与祥和

今生精勤闻法薰习,即使无法立刻体悟,也能结下未来开悟的法缘。

铺路行愿

以诚以爱铺路,脚踏实地付出,用愿力在人间推行正法。

车的驾驶

人生如同一部车,人人都是自己这部车的驾驶员,要确定方向、掌握好方向盘,把握时间持续精进。

解除心缚

凡夫受世间事项缠缚,被俗务所绑,被私情所缠,苦乐参半;唯有闻法精进,明白一切是因缘和合,才能解除心缚得自在。

搭上安稳的舟船

能精进不退转的人,犹如搭上安稳的舟船,在灯塔的引领下,终能到达彼岸;易受是非影响的人,经不起浪涛的拍击,终在欲进还退中沉沦。

虽有病如无病

精进的人,即使罹患疾病也不放在心上,仍然提起精神为人群服务,全神贯注就忘了病痛,这种人身虽有病却犹如无病。

值得怀念的足迹

走在人生路上,步步踏实为人付出,就会留下生命中值得怀念的足迹。

人生的最后

来生所前往的方向,是今生造作的结果,所以要把握现在多付出,才不会在人生的最后苦于业境牵引,半分都由不得自己。

出离无明

人常安于陋习,以错为对;修行就是要修除习气,及时出离无明的执着。

自我锻炼

依赖他人将永难成长,自我锻炼方得真功夫。

踏实做,实在说

人生的话道不尽,人间的事做不完,需要更多人用心过好每一天,说我所做,做我所说。

有做才有体会

食物不吃,不知滋味;道理不行,无法体会。

造福得福

银行有存款,才能提取;人生多造福,才能得福。

做好人不难

做个好人并不难,能常常培养善念,自然时时有善行。

做有用的人

在短暂的人生中,要做个有用的人,让生命发挥价值,能长远利益人间。

去习气,成典范

曾经迷失的人生,若能得善知识接引而觉悟,改变不良习气,积极行善助人,亦能成为他人典范。

一起步,就有路

虽然人生苦难偏多,只要心存觉有情的爱,有开始,就有路可走;迟迟不起步,就永远无法上路。

你丢我捡

你丢我捡,就是在环保中精进——你舍弃福,我回收福;你舍弃道心,我增长慧命。

不轻视、不疏忽

精进做环保,不轻视自己的一念虔诚,不疏忽自己的一份力量;发挥一份爱,保护天地、爱惜万物,让污浊世间化为净土。

整齐的菩萨队伍

人间菩萨培训共修,分享精神理念,以整齐的规律生活相勉学习;人间菩萨集合救苦,发挥爱与尊重,以整齐的团队行动携手付出。

行路看风光

走在菩萨道上,唯有力行才能修得福慧;就如踏步才能走到尽头,也才能领会沿路的风光。

共修的真实道场

前进救灾现场亲手遍布施,就是菩萨共修六度万行的真实道场。

不是牺牲，是享受

　　发心立愿为世间付出，必须克服重重困难，虽然看似有所牺牲，但只要众生得离苦，就是最大的享受。

踏实精进

　　身心健康照顾好，生命踏实不空过，精进在人间道上。

修行是铺路

　　修行就是在铺路，一步一步为自己铺出平坦的道路，一寸一寸为人群铺出前进的道路。

比爱心

比财产、比事业,永远比不完,要比较的是爱心;能开阔心量帮助人,才是生命价值的发挥。

让人安稳走正道

钱财赚取再多,不过是供应生活所需;生活安定之余,懂得依止正法,让人心有依靠,引人行菩萨道,生命更开阔、更有意义!

莫求清闲

生命的价值在于勤付出,莫贪求清闲,来到人间要多做好事。

"活用"生命

活在人间能发挥良能,人生才有价值;所以要"活用"生命,殷勤精进。

学而时习之

佛法的教理圆融且历久弥新,应用心理解、反复温习,才能铭记于心。

绽放心莲

人生要不断自我锻炼,从烦恼中解脱而得到法喜,于污泥中绽放出清净心莲。

典范带动

能够身体力行做典范，带动别人守规矩，就是最好的教育。

菩萨行迹

世事虚幻无常，应及时发挥爱的能量，踏实留下人间菩萨行迹。

工作时与休假时

工作时在岗位上尽责付出，休假时把握机会奉献人群，充分发挥人间菩萨的精神。

人生不退休

可以从职场退休,但不能在生活中退休;多做好事,就是发挥生命的价值。

付出长慧命

日子过一天,生命少一天;能精进付出,则慧命增长。

聚大福

把握因缘做好事,点滴累积聚大福。

好话，好事

好话要一直说，好事要普遍做。

及时付出

不论有多少时间，不论有多少力量，及时付出，做就对了！

丰富多彩

精进付出、真诚助人的人生，丰富又多彩！浪费时间、无所事事的人生，可怜又可惜！

制造善的细胞

走入人群做好事,相互激荡善的思想,不断制造善的细胞,带动身心善的循环,使身体健康、慧命增长。

看重自己

重担挑不起,小事嫌无聊,都是不看重自己;发挥潜能、付出助人,让平凡人生过得快乐而有意义。

劳动实做

执着虚名却无作为,就如不饱穗的空壳,虚度人生时光;不执着名相,每天劳动实做,身心健康还能累积功德。

生命的时间

常在消费与玩乐中,时间徒然流逝;人生总为人群用力付出,生命充满价值。

净秽自造

环境的生态是人心所造,懈怠堕落的人,环境污秽脏乱;殷勤精进的人,环境整齐洁净。

步步精进

松散放逸度日,体能会消退、精神会萎靡;步步精进踏实,菩萨道才能长长久久。

年长也要勤付出

把握时间勤付出,莫因年长而停歇;身心健康不退化,累积福德结善缘。

追时间

分秒不待人,要追着时间完成使命、成长慧命。

当下成就

时间虽然分秒流逝,修行虽然路途遥远,只要把握当下——一念心在当下,当下就能成就!

只要有心

做好事不能等待,只要有心,当下就能行善。

不求回报

费心计较回报,无法获得满足;做事认真付出、不求名利,反而容易受到肯定。

不能"慢慢改"

生命短暂无常,修养性情、改除习气,不能"慢慢改"。

丰富的智慧

向善的方向多走一步,人生的智慧就多丰富一些;听而不做、说而不行,只是徒然空过时日。

菩萨行不难修

菩萨行不简单,但也不难修,关键在一念心,只要有无私的大爱,没有做不到的事。

规划未来,把握当下

生命在无常变异中,可以长程规划未来发展,做事却要把握当下,每一时刻都得戒慎虔诚。

助人的使命感

为人要有"助人的使命感"——增强责任的承担，减轻别人的负担。

乐于承担

为人群付出的责任虽重，若乐于承担，则是有价值的人生。

无惧遥远艰难

立方向，起步行，路再遥远也能到达；有决心，勤精诚，路再艰难也能通达。

在无常中建立永恒

把握刹那的发心,珍惜分秒的时间,在无常的人间建立永恒的志业。

天天行道

人人都是可度化的人,天天都是能行道的日子。

菩萨最大的欣慰

菩萨在人间精进付出,虽然很辛苦,但是见人得救、展开笑容,就是最大的欣慰!

【第五章】 禅定

守护心念

守住一心,把持定力;护住一念,不被境转。

恒持善心

谨慎把握每一个当下,永恒护持每一念善心。

随遇而安

苦恼于事无益,对任何事都要学习放下;凡事随遇而安、一心不乱,才是修行。

神通

妄念止息，心智明净，自然就有神通——精"神"敏睿，"通"达道理。

良辰好日月吉祥

心正念净，时时良辰，日日好日，月月吉祥。

遇缘长道心

心常清净，念念善、念念慈，处境皆欢喜，遇缘长道心。

正念定力

有正念,才不会偏向邪道;有定力,才能坚持到实现目标。

看清是非

守好心念,稳定自心,就能看清是非,随时间积聚善业,让人生充满希望。

自信但不自满

为人不要太自满,但要有充分的信心。

尊重信念

守持初发心,方向不偏差,做一个能尊重自己信念的人。

志节

"志"如松,守之不动;"节"如竹,坚持节操。

一心成一生

以诚待人,以正做事,一心诚正信实,一生安心自在。

不失一秒，不偏一毫

时间，不能在一秒中有闪失；空间，不能在毫芒中有偏向。

生命指南针

心念，是生命的指南针，要对准精进的方向，一点点都不能偏差。

当下这一秒

人生到底有多长，无须挂怀；把握当下这一秒，做对的事。

刹那即永恒

一念之间,影响一辈子的方向;刹那的心念,成就永恒的未来。

生死无碍,去来自在

无须挂碍生死,只要把握分秒,分分做、分分得,就能去来皆自在。

演好角色

过去不可得,未来很渺茫,把握现在扮演的角色,做就对了!

常住快乐

　　只有物质的享受,经常感到空虚;心灵依止佛法中,就能常住快乐。

重要的使命

　　安人心才能安大地——提起正信的定力,为天下人、事、物发挥慧命,致力让人心能净化、地球能安稳,是人间菩萨此刻最重要的使命。

心安体健

　　心若不安,身体即不得安康;心能安定,自然就轻安健康。

心灵的春天

天地之间以春天最是繁荣时,不论春去秋来,都要以正信为方向,恒持心念在春天中,使人生充满春天的朝气。

有信心就有力量

要相信自己有潜力,有信心就能发挥力量。

自己站起来

面对人生的悲痛,只要提起精神能量,就能凭借自己的力量站起来。

心静境清

　　静坐时由于心念清净，即使微细的声音，耳根也能敏锐察觉；平时训练心能平静，就如明镜能映照外物，智慧就会明朗，判断力也会增强。

心灵的路程

　　身外的路程，走得愈远，看到的人间风光愈多；心灵的路程，反观自照，收摄的心地风光无限美好。

细心、坚心

　　做该做的事要细心，做对的事要坚定。

无求心自明

人都是因为有所求,才会走入偏差的道路;如果无所求,精神就会明朗,心灵无比安定。

世俗人·修行人

世俗人追求的是无尽的享受,修行人追求的是清净的境界。

礼敬诸佛

信仰须回归于虔诚的一念心,早晚分秒不离善念,心香一炷就是礼敬诸佛。

法如清风

清风入心,心地清凉,常感欢喜;法如清风,徐徐入心,心在法喜充满中,进入静寂清澄的境界里。

得定

"定"是由平日修持而得,放下杂念、摒除欲心,视名利、得失如浮云,才能得定。

真功德,真行善

念念不忘所行功德,非真功德;时时自认常行善事,非真行善。功德不执着,行善不挂心,无求好修行,清净最轻安。

专心事成

将心安住在今日的道念中,即是"专心",一切事成;不断回顾过去的人我是非,就是"杂念",使心痛苦。

预防情绪波动

时时保护心念、预防情绪波动,恶念未生起前善加治心,才能避免发生错误。

脚踏实地

求无止境,引来纷扰辛苦;脚踏实地,心安人安事安。

守志于道

　　日常生活守志于道，道业自能博大精深；心志散乱迷失正道，即使读遍千经万论，也如镜花水月无用处。

对机引度，借境修心

　　入群处众，难免受众生相影响而生烦恼心；学佛度众，要应众生不同根性而对机引度，并在过程中借境修心，断除烦恼。

自制幻境，被己所惑

　　内心清净如明镜，可以清楚映照万物，了了分明；内心迷乱于外境，就会复制烦恼幻境，自生疑惑。

反观自性

向外追逐的心，被是非纷扰所困，时刻不安；若能反观自性，回归良知灵性，则邪妄不侵、安然自在。

众魔不近

刹那的一念偏差，就会误入陷阱。一念偏邪，走向魔界；一念偏执，恶境现前。身心持正，则众魔不近，诸恶不生。

了悟纷扰是幻

让过去的事，随时日消逝，杂念自然不起；对外在的纷扰，了悟是幻，烦恼自然不生。

拒绝诱惑

诱惑,使心思复杂,使方向偏差,使人生堕落;唯有拨开黑暗的诱惑,才能彻见光明的真理。

不受迷惑

谄媚、好听的话语,让人迷惑而踏入陷阱;应时时提起道心、自我警惕,不受声色所迷。

问心不问神

遇事不如意,要自问己心,不用问鬼神;破除恶因,付出爱心,就得福缘善果。

运命由己

谈鬼论神,莫测高深,令人心灵不安;显异惑众,邪理暗昧,引人迷失正见;明因知果,守好本分,自我掌握命运。

道不能失

水在人的生命中,不能或缺;道理在人心中,不能丧失。

责任已了,莫添心病

做人若能看得开、想得透,了解来人间一回,是为尽责任与义务;当责任义务已了,不求讨任何回报,就能在人生最后面临病苦时,不再增添烦恼心病。

与病和平相处

面对病痛,若能放下执着,时常培养快乐的心、做好该做的事,就可以与病和平共处,多些时间造福人间。

守护健康

烦恼、操心,徒然耗损脑力、无益于事;专心、用心,步步踏实,自然身心健康。

迎接生机

灾难过后,用感恩心自我祝福,安下心来走出惊吓,就能迎接光明的生机。

心安地灵

心安则地灵——人心安定、欢喜，大地自然清灵、吉祥，无论身居何处皆是吉宅宝地。

病是修道助缘

人生难免有病，若因身体的异样，心生执着的挂碍，精神将深受煎熬。应以病为师，视病苦为修道的助缘，提升心灵的境界。

用福气消病气

生病的苦报来自过去的造作，放下埋怨忧愁，用感恩心受报，才能增加福气、消除病气。

不轻细节

小火苗不留意,会烧毁整片森林;小细节不用心,可造成严重后果。

逆境来时

遇逆境应警惕、冷静思考,谋求未来的平安;怨天尤人、不懂得三思而行,就会危机四伏。

专心学习

心思杂乱,样样想学,学不齐全;念念一意,专心学习,所学专精。

拔除心草

　　花木好好修剪,枝叶自然优美;心地杂草拔除,人生自然美好。

担心不如发心

　　天天"担心",不如身体力行"发心"行善。

不必想与只需想

　　不必想人生还可以活多久,只需想着每天还要再做多少好事。

顺其自然

人生的时间,分分秒秒挡不住,自然法则该来就会来;只要顺其自然、坦然接受,就能安住自己的心,来去自在。

智慧日增

虽然岁月老去,时时守住正方向,事事以正念面对,智慧就能与日增长。

定心面对无常

人生苦难偏多,无常刹时遽至,与其情难舍念念不忘,不如稳定心面对现实。

失魂如失忆

失魂落魄的人，就如失忆的人，茫茫然没有自己的主张；应珍惜永恒的慧命，在生活中守持正法。

内耕善种，外收福果

自耕心地，深植无量善种子，由内而外造福人间，累累果实就会展现在行为中。

是非分明

是非要分明——对的事，做就对了；不对的事，绝不动心。

不受境染

　　行在菩萨道上，不受境界污染，恒持愿力使命，念念回归本性，这就是真修行。

【第六章】

智慧

闻法度众

闻法增长慧命,让生命深度化;入众造福人群,让生命扩大化。

知足

法入心则心踏实,踏实不虚即是足;知足之人,常怀感恩、懂得善解、永远包容。

用心观察诸法

佛法不离世间法,对于世间万物,不能只看表相,必须深刻观察、推究道理,才能开阔智慧。

以法润心

以法滋润心田，既能自度也能度人，人事就会圆满欢喜。

以法以爱

用法解烦恼，用爱拔苦难。

心安理得

享受人生在于心安理得——内心轻安，处事自在。

善心菩萨

长年累月培养善念，就是修行；起心动念无不是善，就是菩萨。

无价的法喜

法在心中，付出无所求感受到的法喜，比得到有形的报酬更有价值。

闻而行，行而证

多用心听闻佛法，行善事开启智慧，入人群印证真理。

功德成就

内修清净心是"功",外行菩萨道是"德";净化自心也净化人心,即能成就一切功德。

复返清净

在人群中淬炼智慧,不受喜怒哀乐影响,不为七情六欲染着,就是回归清净的道路。

自我显现智慧

智慧无法外求他人给予,但能自我训练——依法观照、放下烦恼、心无杂念,智慧才能显现。

透彻三理四相

三理四相是世间真理——看透物理的成住坏空,就不会对物质起贪恋心;看透生理的生老病死,就不会对生死有恐惧心;看透心理的生住异灭,就不会对人我生执着心。

灭度

闻法后身体力行,走入人群去磨炼,才能自我"灭度"——灭除无明烦恼,将法度入心,以法度他人。

不迷惑也不迷失

世间本是苦乐参半,人人难免都有烦恼。心有矛盾,要用法来解开自己的迷惑;快乐之时,也要心中有法,才不会迷失。

态度柔软说真话

"说真心话"若未经修饰,心想什么就说什么,很容易节外生枝;心灵保持纯真,态度也要柔软,并且多说好话,才能庄严自己的心灵道场。

声色柔和

品德内涵由外表的声色展现,声色俱厉地责备人,徒然让人惧怕而无法改善缺失;声色柔和地予人鼓励,能让人觉得努力有成而欢喜,自然会自许做得更好。

闻法内修、对外历练

人群就是修行的道场,应对进退都要学习,在辅导或沟通时,莫于公开场合直指错误,让对方下不了台;闻法内修、对外历练,才能修得让人见闻欢喜的德行。

功能要精进,精神要净化

精进身体功能,做对的事;净化精神理念,成长慧命。

入群修福慧

福,在人群中造;慧,在人群中修。

做有智慧的好人

为人须是非明辨,做个有智慧的好人,莫当只求表面和谐的滥好人。

心宽念纯

心宽能包容，念纯能感恩。

断疑网

心有疑，就无法建立真诚的友谊，彼此的情义也随之淡薄；唯有断疑网，提起信心，才能与人交心相知。

善解批评

听闻批评的声音，能善解、感恩对方，是智慧；若是闻言就起烦恼，是愚痴。

传法祝福

　　散播好话、传扬法音,智慧的语言入人心,就是对人最真诚的祝福。

法喜充满

　　闻法力行去付出,别人有受用、自己有感觉,这份欢喜的感觉就是法喜充满。

传法者要有威仪

　　无形的精神境界,是从形象来表达;传法者须具足威仪,才能永续佛法在人间。

心转相转

开心门、修善法，乐观纯真，结众生缘；去我相、舍烦恼，心转相转，得庄严身。

见解透彻

凡夫眼光狭窄，只能看到事物表相，短视近利；菩萨心胸开阔，对事情看法深入且透彻，在行动之初就能预测后果，防患未然。

用爱点智慧灯

人心都有一盏智慧之灯，要用爱去点亮这盏灯火；若生命中缺少爱，灯火就会熄灭而陷入黑暗中。

慈悲为首

学佛者应以慈悲心为首要之念,观天下众生相,悯天下众生苦,才能长养菩提道心。

行善养慧

步履菩萨道,在人间行善聚福,入人群修定养慧。

为众不为己

凡夫,只知自己的得失,不知天下众生事;菩萨,关心天下的安危,不计自己的得失。

很圆满、有价值

生命的圆满,在于守护愿力为众付出;生命的价值,在于守护品格受人敬重。

导向善良

一切苦难从心起,慈善不只是供应物资,更要导向善良、安住人心。

救人的力量

让苦难人早日得救,是救人的最大目标;运用智慧、提起勇气,是救人的真实力量。

度众生

陪伴引导人改变习气、转变人生,就是"度众生"。

长情大爱

为私情缠绵,一旦情断义绝,义尽则仇生,烦恼不堪;不执着小爱,就不生大恨,能开阔心胸,以长情大爱为天下付出。

凡夫缠缚,菩萨自在

一对一的凡夫之爱,欲爱的绳索相互捆绑,彼此缠缚;觉有情的菩萨之爱,清净的大爱遍及众生,逍遥自在。

传法

熏法入心之后，事理会合与人分享，以身作则带动人心，闻者法喜充满并落实生活中，此即"传法"。

主动付出

众生有苦难，不需众生要求，能主动付出诚恳的爱，解开众生的苦难，看到他们快乐，也是我们最快乐的时候，这就是佛陀的教育。

现身说法

看尽世事无常，了知人生幻化，从痛苦中解脱出来，就能到处现身说法，积极度化人间。

先牵紧,再放手

人间菩萨不舍任何众生,若要翻转苦难众生的人生,须先紧牵着他的手走过坎坷路,再慢慢放松他的手,让他自己走出来。

用法开心门

最无价的付出,就是用法打开苦难人的心门,让他们从忧郁、苦恼中走出来,绽放开朗的笑容。

互为贵人

他人有苦,我们有感而应,为他解苦,自己也能在助人的过程中体解法理,彼此互为生命中的贵人,这就是在人间推动佛法的真义。

刻画心灵风光

不辞山高路遥，以慈悲走入苦难，慰访孤老疾患；不耽观光旅游，以智慧阅历人生，刻画心灵风光。

受苦能拔苦

苦过的人更能理解苦，痛过的人更能了解痛，由此体悟名利皆虚幻，付出心力拔除众生的痛苦，成就生命的意义。

说清讲明

心宽念纯并非乡愿，听闻不实的讹传，须提起智慧明辨是非，亦要把握因缘说清讲明。

积极做对的事,断除不对的事

是非要分明,做事要果决——若是,就要投注生命积极去做;若非,就要勇于断除,切莫拖延。

幸福·美满

身体健康能为人付出,就是幸福;精神愉快能完成服务,即是美满。

供养大地与众生

感恩大地生长五谷杂粮,惜物命不浪费,真诚供养大地;感恩众生成就菩萨道业,为人无私付出,虔诚供养众生。

暗夜明星

众生心处黑暗中,不知未来,惶惶不安;菩萨心如天上星,亮丽灿烂,指引方向。

从此刻起步

过往已逝,现在是未来的开始;从此刻起步,方向对、走得正,就能日益进步、增长慧命。

乐说法

菩萨道上要乐于说法,解除人心的迷惑,让人知足快乐。

菩萨典范

闻法入心、自我充实,说我所做、做我所说,这就是菩萨典范。

天下和平

知足,身心轻安;感恩,人人互爱;善解,大爱满遍;包容,天下和平。

吉祥

悲心平等最吉祥,宽心宏愿最大福,真心无量最轻安,摄心能舍最自在。

"传承"即"点灯"

"传承"即是"点灯",灯火盏盏相传,既不失本具的光明,还能永恒照耀人间。

心灯相传

人人点燃心灯,灯传灯、心连心,让爱的能量更广、更阔,人间就能成为净土。

走过路障、开通道路

人间是个好道场,因为人间事多,路途坎坷或有崩毁,修行的人必须谨慎走过路障,还要发挥爱心与耐心,为大众开通道路。

以德摄人

闻法欢喜并能身体力行,从法有所受用,就是德行的累积;自受用后,才能以德摄受他人,所说的话也才能得人信解。

欢喜富足

快乐的人,不必拥有财富名利;能踏实走正确的路,行事有益人群,问心无愧、知足感恩,人生欢喜富足。

平等大爱

慈悲心的极致是视众生平等,没有你、我的分别心,对人人都能真心付出平等大爱。

关心天下

凡事都想占为己有,自私自利,会有求不得的苦恼;敞开内心世界,关心天下,就能创造生命的宽度与深度。

常念知足·大爱无边

菩萨的道心常念知足,利诱不移志节,付出不求回报;菩萨的感情无边无量,包容宇宙虚空,普爱一切众生。

法一直都在

法无处不在——远近空间,无不都是道场;法无时不在——长短时间,无不都有妙法;法无人不在——人人身上,无不都是藏经。

法入心的菩萨

只是行好事做"世间的好人"还不够,更要法入心做"人间的菩萨",以觉有情的智慧为人群付出,积存生生世世心灵的财富。

图书在版编目(CIP)数据

静思语. 第四集/释证严著. —上海：复旦大学出版社,2024.7
ISBN 978-7-309-17461-8

Ⅰ.①静… Ⅱ.①释… Ⅲ.①佛教-人生哲学-通俗读物 Ⅳ.①B948-49

中国国家版本馆 CIP 数据核字(2024)第 094878 号

静思语(第四集)
释证严 著
责任编辑/邵 丹

复旦大学出版社有限公司出版发行
上海市国权路 579 号 邮编：200433
网址：fupnet@fudanpress.com http://www.fudanpress.com
门市零售：86-21-65102580 团体订购：86-21-65104505
出版部电话：86-21-65642845
上海华业装璜印刷厂有限公司

开本 890 毫米×1240 毫米 1/32 印张 5.375 字数 61 千字
2024 年 7 月第 1 版
2024 年 7 月第 1 版第 1 次印刷

ISBN 978-7-309-17461-8/B·807
定价：45.00 元

如有印装质量问题，请向复旦大学出版社有限公司出版部调换。
版权所有　　侵权必究